Impressum
Verlag: BABADADA GmbH, Nedderfeld 112 , 22529 Hamburg
Geschäftsführer / Verlagsleitung: Harald Hof
Druck: Books on Demand GmbH, In de Tarpen 42, 22848 Norderstedt

Imprint
Publisher: BABADADA GmbH, Nedderfeld 112 , 22529 Hamburg, Germany
Managing Director / Publishing direction: Harald Hof
Print: Books on Demand GmbH, In de Tarpen 42, 22848 Norderstedt

dugsi
escola

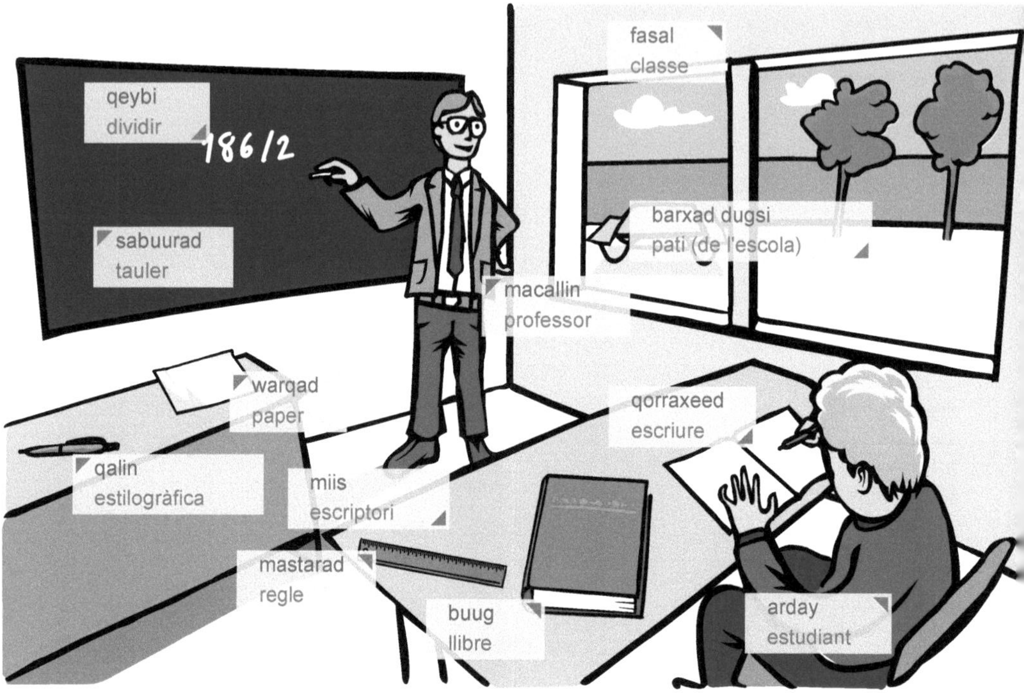

fasal
classe
qeybi
dividir
186/2
sabuurad
tauler
barxad dugsi
pati (de l'escola)
macallin
professor
warqad
paper
qorraxeed
escriure
qalin
estilogràfica
miis
escriptori
mastarad
regle
buug
llibre
arday
estudiant

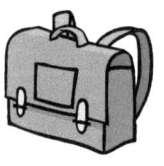

boorso
....
bossa

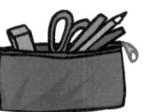

kiis qalin-qori
....
estoig

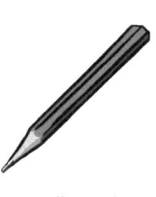

qalin-qori
....
llapis

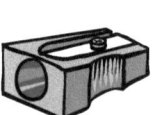

koobka qalin qor
....
maquineta de fer punta

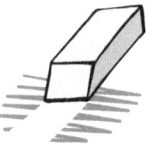

titirre
....
goma

buugga sawirka
....
bloc de dibuix

sawirid

dibuix

burushka midabaynta

pinzell

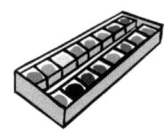

gasaca midabaynta

capsa de pintures

maqasyo

tisores

koollo

cola

buug qoraal

quadern d'exercicis

shaqo-guri

deures

12

lambar

nombre

2+2

ku dar

afegir

5-2

ka jar

sostreure

2×2

ku dhufo

multiplicar

xisaabi

calcular

A

warqad

lletra

ABCDEFG HIJKLMN OPQRSTU VWXYZ

alifbeeto

alfabet

hello

erey

mot

qoraal

text

akhri

llegir

jeesto

guix

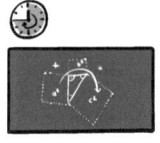

cahsar

lliçó

diiwaan

llibre de classe

imtixaan

examen

shahaado

certificat

direes dugsi

uniforme escolar

waxbarasho

formació

diwaan mowduuceed

enciclopèdia

jaamacad

universitat

mayskariskoob

microscopi

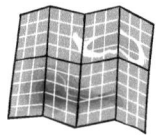

khariidad

mapa

haan qashin-gur

paperera

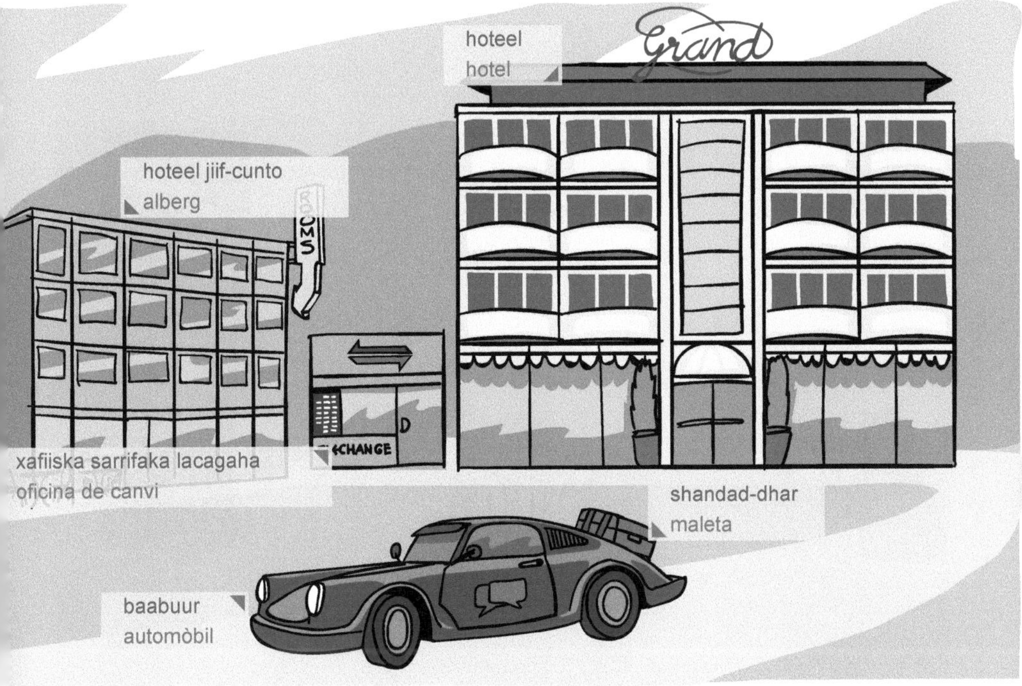

hoteel
hotel
Grand
hoteel jiif-cunto
alberg
ROOMS
xafiiska sarrifaka lacagaha
oficina de canvi
CHANGE
shandad-dhar
maleta
baabuur
automòbil

luuqad

llengua

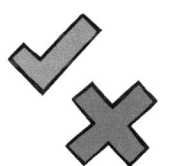

haa / maya

sí / no

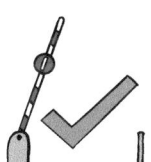

Hagaag

D'acord

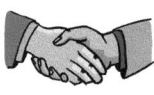

nabad miyaa

Ey!

turjumaan

traductora

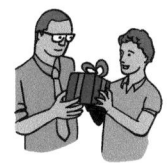

Waad mahadsan tahay

gràcies

waa immisa...?

Quant costa... ?

ma aanan fahamin

No entenc

dhibaato

problema

galab wanaagsan!

Bona nit!

subax wanaagsan!

bon dia!

habeen wanaagsan!

bona nit!

nabad gelyo

fins aviat

jiho

direcció

alaabo

bagatge

boorso

bossa

boorso-dhabar

sarrona

marti

convidat

qol

cambra

katiifad

sac de dormir

teendho

tenda

xog dalxiis

oficina de turisme

xeebta

platja

kaar amaah

carta de crèdit

quraac

esmorzar

qado

dinar

casho

sopar

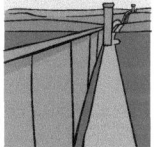

rasiid

bitllet

wiish

ascensor

tiimbare

segell

xuduud

frontera

qeybta-canshuur-bixinta

duana

safaarad

ambaixada

dal ku gal

visat

baasaboor

passaport

gaadiid
transport

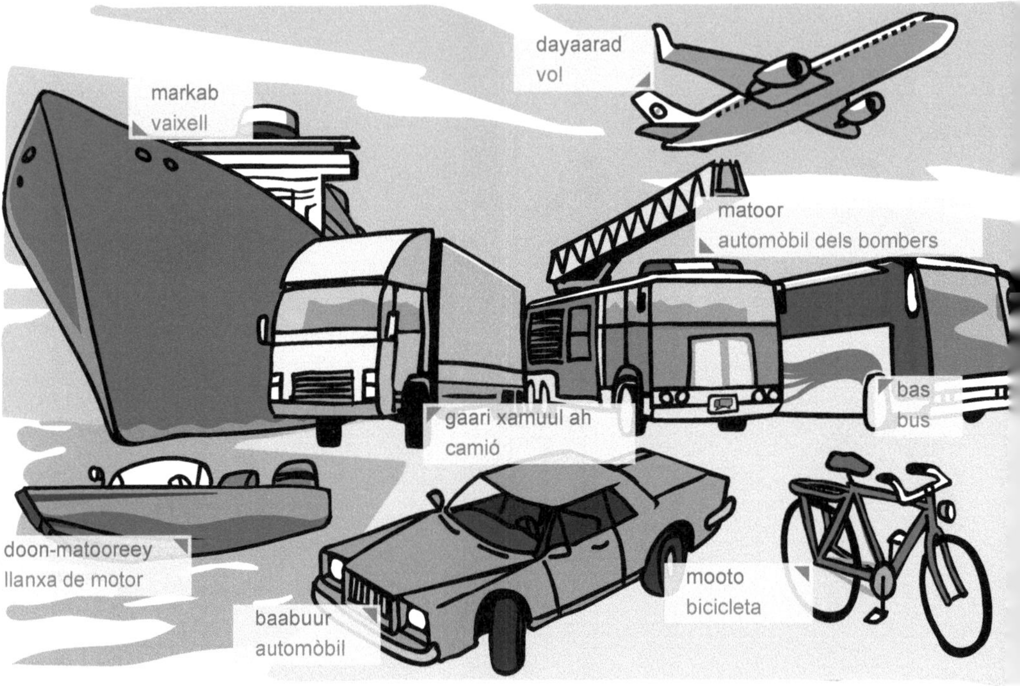
dayaarad
vol
markab
vaixell
matoor
automòbil dels bombers
bas
bus
gaari xamuul ah
camió
doon-matooreey
llanxa de motor
mooto
bicicleta
baabuur
automòbil

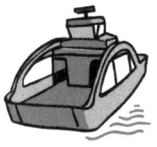

doon
transbordador

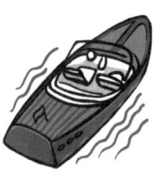

doonnida
barca

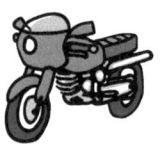

mooto
moto

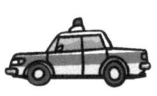

baabuur booliis
automòbil de policia

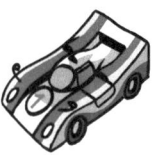

baabuur baratan
automòbil de curses

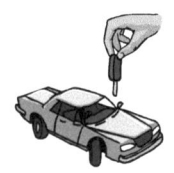

baabuur la-kiraysto
automòbil de lloguer

gaadiid-wadaag

vehicle compartit

wiishle

grua

gaari qashin-gure

camió de les escombraries

matoor

motor

shidaal

benzina

ajib

benzineria

calaamad taraafiko

senyal de trànsit

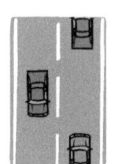

taraafiko

trànsit

jaam baabuur

embús

baarkin-baabuur

aparcament

boosteejo tareen

estació de trens

waddo-tareen

vies

tareen

tren

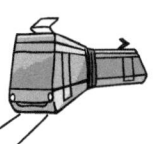

taraam

tramvia

gaari faras

vagó

helikobtar

helicòpter

garoonka dayuuradaha

aeroport

manaarad

torre

rakaab

passatger

weel

contenidor

kartoon

capsa de cartó

gaari faras

carretó

dambiil

cistella

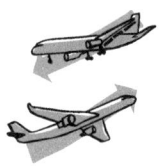

kicid / degis

enlairar-se / aterrar

magaalo

ciutat

tuulo

poble

faras magaale

centre de la ciutat

guri

casa

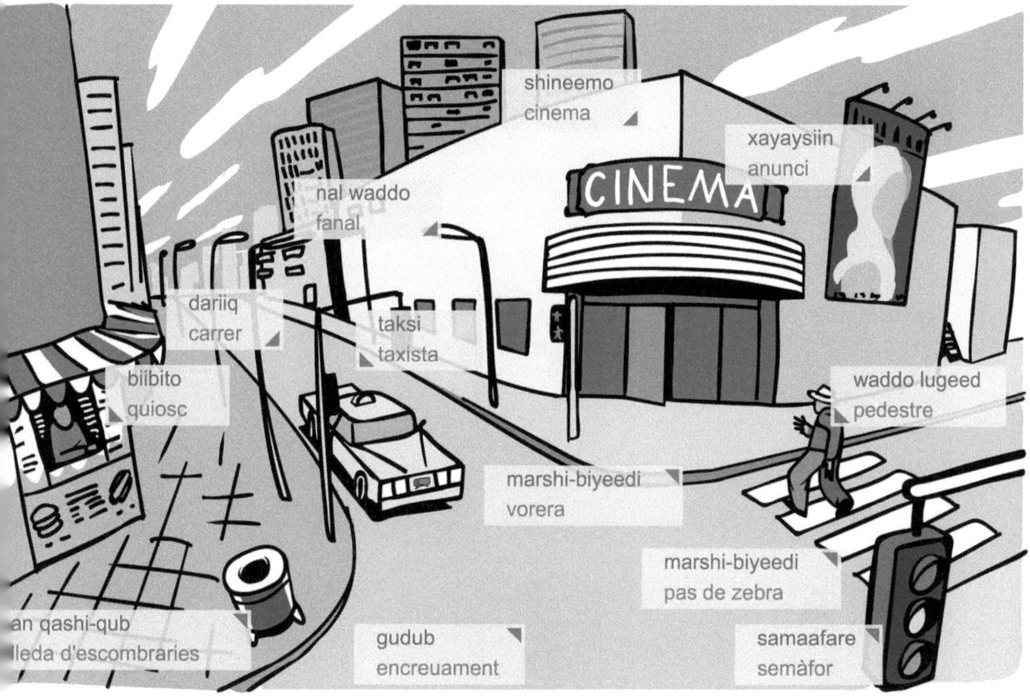

shineemo
cinema

xayaysiin
anunci

nal waddo
fanal

dariiq
carrer

taksi
taxista

CINEMA

waddo lugeed
pedestre

biibito
quiosc

marshi-biyeedi
vorera

marshi-biyeedi
pas de zebra

samaafare
semàfor

an qashi-qub
leda d'escombraries

gudub
encreuament

mundul
cabana

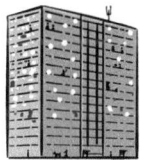

dabaq
apartament

boosteejo tareen
estació de trens

xarunta dowladda-hoose
casa de la vila-ciutat

matxaf
museu

dugsi
escola

jaamacad

universitat

bangi

banca

isbitaal

hospital

hoteel

hotel

farmasi

farmàcia

xafiis

oficina

buug shoob

llibreria

dukaan

botiga

dukaan ubax

floristeria

carwo

supermercat

suuq

mercat

suuq weyne

gran magatzem

kalluun-iibshe

peixateria

suuq

centre comercial

furdo

port

jardiino

parc

kursi

banc

buundo

pont

jaraanjaro

escala

waddo-tareen-hoosaad

metro

waddo-dhul hoose

túnel

boosteejo

parada d'autobús

baar

bar

makhaayad

restaurant

sanduuq boosto

bústia de correu

calaamad waddo

senyal indicador

joogid-cabbire

parquímetre

beer-xayawaan

zoo

barkad dabbaalasho

piscina

masaajid

mesquita

beer
granja

naqas
pol·lució

qabuuro
cementiri

kaniisad
església

garoon
parc infantil

macbad
temple

muqaal-dhireed
paisatge

caleen
fulla

calaamad-waddo
cartell indicador

waddo
camí

seere
prat

dhagax
pedra

geed
arbre

buur korre
excursionista

webi
riu

caws
gespa

ubax
flor

dooxo
....
vall

buur
....
muntanya

laag
....
llac

kayn
....
bosc

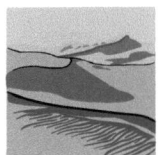

saxare
....
desert

foolkaano
....
volcà

qasri
....
castell

qaanso-roobaad
....
arc de Sant Martí

barkin-waraabe
....
bolet

geed timireed
....
palmera

kaneeco
....
moscard

duqsi
....
mosca

qoraanjo
....
formiga

shinni
....
abella

caaro
....
aranya

dameer-duudeey

escarabat

rah

granota

dabagaalle

esquirol

kashiito

eriçó

dabagaalle

llebre

guumeys

òliba

shimbir

ocell

boolo-boolo

cigne

doofaar-jilibeey

senglar

deero

cervo

faras-duur

ant

biyo-xireen

presa

tamar-dhaliye

turbina

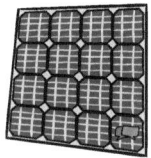

soollar

panell solar

cimilo

clima

makhaayad
restaurant

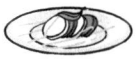

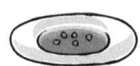

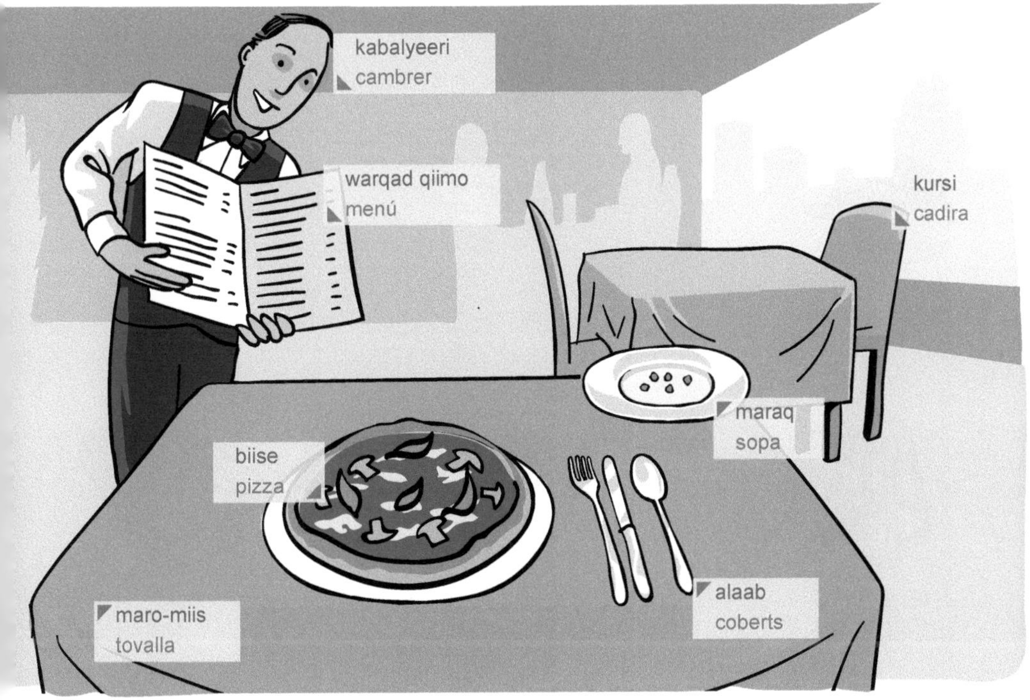
kabalyeeri
cambrer
warqad qiimo
menú
kursi
cadira
maraq
sopa
biise
pizza
alaab
coberts
maro-miis
tovalla

af-billow

primer plat

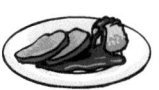

cunto bariimo

plat principal

macmacaan

darreries

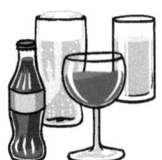

cabitaan

begudes

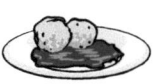

cunto

menjar

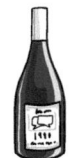

dhalo

ampolla

cunto diyaarsan

menjar ràpid

cunto-waddo

menjar de carrer

jalmad shaah

tetera

weelka sonkorta

sucrer

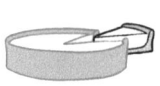

qayb

porció

mashiinka isbareesada

màquina d'espresso

kursi dheer

trona

biil

factura

tereey

plata

mindi

ganivet

fargeeto

forqueta

qaaddo

cullera

malqacad-shaah

cullereta

shukumaan miis

tovalló

galaas

got

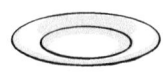

saxan
....
plat

saxanka maraqa
....
plat de sopa

saxan
....
plateret

suugo
....
salsa

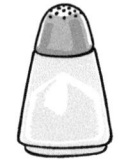

weelka cusbada
....
saler

basbaas shiide
....
molinet de pebre

fixiye
....
vinagre

saliid
....
oli

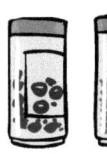

dhandhanaan
....
espècies

suugo
....
quètxup

mastaard
....
mostassa

mayoonees
....
maionesa

carwo
supermercat

qiima dhimis qaas ah
oferta especial
macmiil
client
caano
productes lactis
gaariga adeega
carret de la compra
miro
fruites
FOR

BUTCHERS

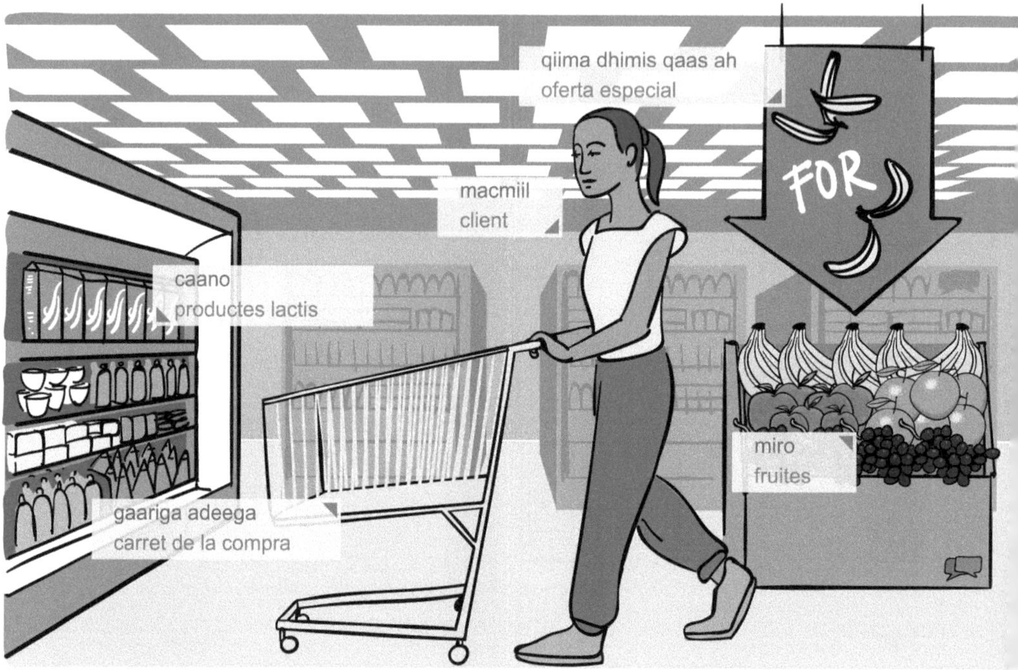

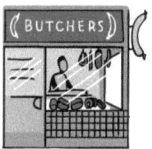

kawaan
carnisseria

BAKERY

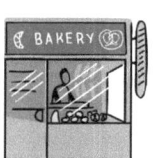

foorno
forn de pa

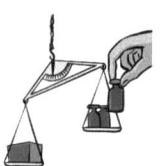

cabbir
pesar

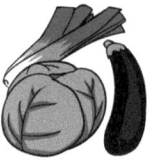

khudaar
verdures

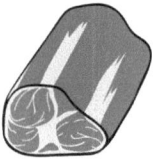

hilib
carn

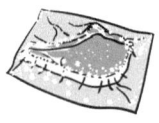

cunto la qaboojiyay
menjar congelat

hilibka qadada

carn freda

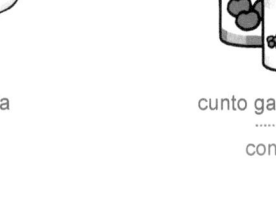

cunto gasacadeysan

conserves

oomo

detergent en pols

macmacaan

dolços

alaabada guri

articles domèstics

alaabo nadaafad

productes de neteja

iibshe

venedora

diiwaan lacagta

caixa registradora

qasnaji

caixera

liis adeeg

llista de la compra

saacadaha shaqo

horari d'obertura

shandada jeebka

portamonedes

kaar amaah

carta de crèdit

bac

bossa

bac

bossa de plàstic

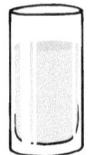

biyo

aigua

casiir

suc

caano

llet

kooka-kola

coca-cola

khamri

vi

biir

cervesa

khamri

alcohol

kooke

cacau

shaah

te

kafee

cafè

isberesso

espresso

koobishiin

cappuccino

muus

banana

tufaax

poma

liin-bambeelmo

taronja

qare

síndria

liin

llimona

karooto

pastanaga

toon

all

baambuu

bambú

basal

ceba

barkin-waraabe

bolet

loos

avellanes

baasto

fideus

baasto

espaguetis

bariis

arròs

salar

amanida

jibsi

patates fregides

baradho shiilan

patates fregides

biise

pizza

haambeegar

hamburguesa

saanwij

entrepà

hilib-jiir

escalopa

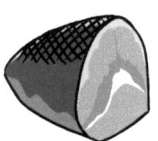

hilib-doofaar

cuixot

salami

salami

sooseej

salsitxa

hilib-digaag

pollastre

duban

rostit

kalluun

peix

sareenta mashaarida

flocs de civada

quraac isku-dhafan

musli

daango

cereals

bur

farina

nooc rooti ah

croissant

rooti

panet

rooti

pa

rooti-la-kulluleeyey

torrada

buskud

bescuits

subag

mantega

hanti

mató

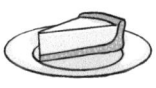

doolsho

pastís

ukun

ou

ukun shiilan

ou fregit

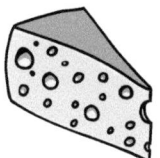

burcad

formatge

jalaato

gelat

sonkor

sucre

malab

mel

malmalaado

melmelada

labeen macmacaan

crema de xocolata

suugo

curri

cunto - menjar

beer
granja

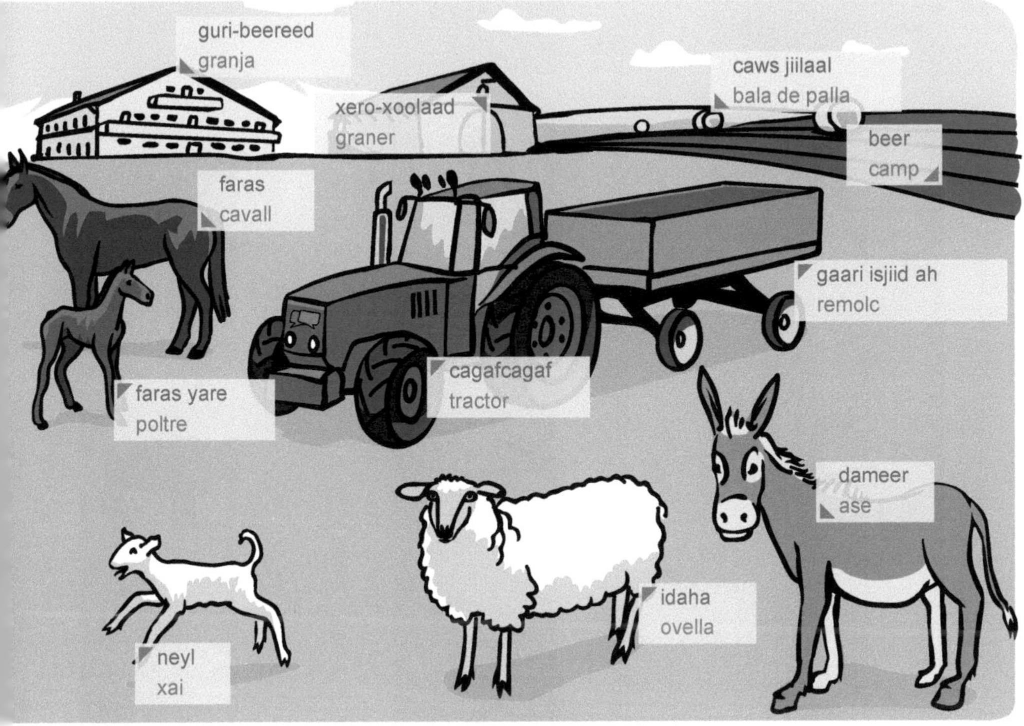
guri-beereed
granja
xero-xoolaad
graner
caws jiilaal
bala de palla
beer
camp
faras
cavall
gaari isjiid ah
remolc
cagafcagaf
tractor
faras yare
poltre
dameer
ase
idaha
ovella
neyl
xai

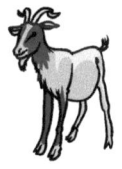

ri'

cabra

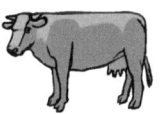

sac

vaca

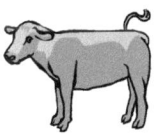

weyl

vedella

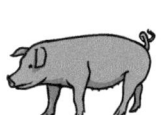

doofaar

porc

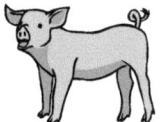

dhal doofaar

garrí

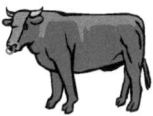

dibi

bou

bawaato lab

oca

bawaato

ànec

jiijiile

poll

digaag

gall

diiq

gallina

doolli

rata

bisad

gat

jiir

ratolí

dibi

bou

eey

gos

hoyga eeyga

gossera

tuubbo waraab

mànega de regar

sakeelka waraabinta

regadora

gudin

dalla

carro-roge

arada

gudin

falç

yaambo

aixada

fargeeto caws-beereed

forca

faas

destral

gaari -gacan

carretó

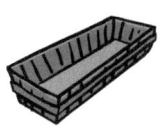

dar

abeurador

dhalada caanaha

lletera

jawaan

sac

deer

tanca

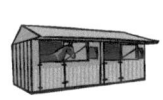

xero xooleed

establa

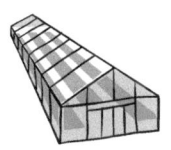

gur-biqlin-dhireed

hivernacle

ciidda

sòl

abuuka

llavor

bacrimiye

adob

cagafta beer-goynta

collidora

beer-goyn
collir

beer-gooyn
collita

moxog
nyam

sarreen
blat

soya
soja

baradho
patata

galley
blat de moro o d'indi

geed-saliideed
colza

geed mirood
arbre fruiter

moxog
mandioca

firiley
cereals

guri

casa

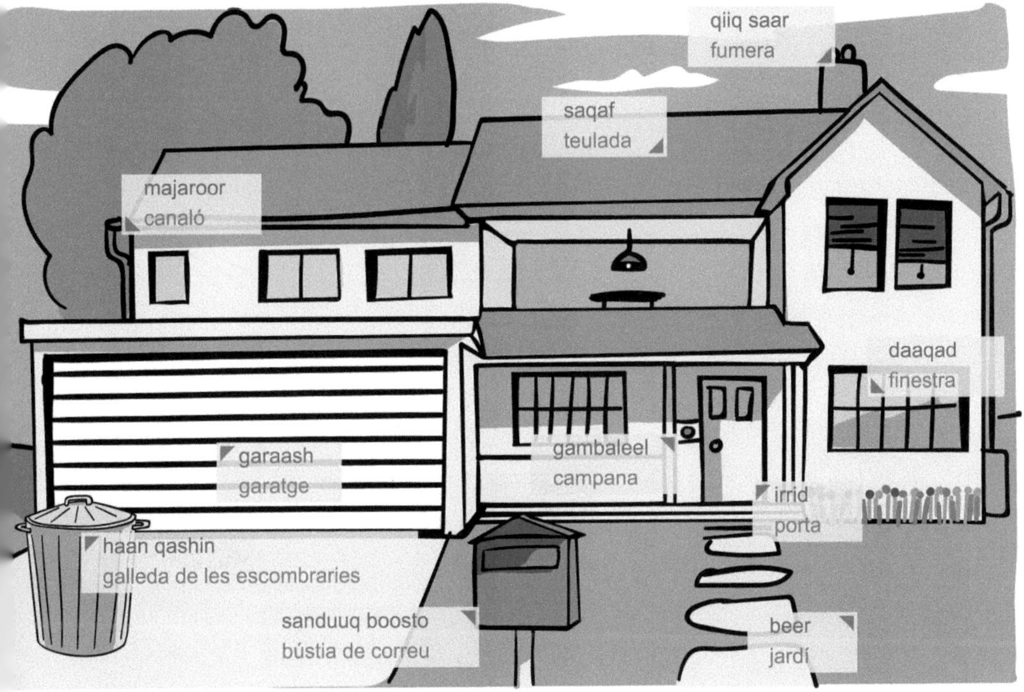

qiiq saar
fumera
saqaf
teulada
majaroor
canaló
daaqad
finestra
gambaleel
campana
garaash
garatge
irrid
porta
haan qashin
galleda de les escombraries
sanduuq boosto
bústia de correu
beer
jardí

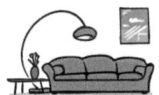

qol jiib

sala d'estar

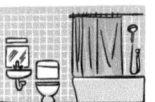

musqul-qubeys

bany

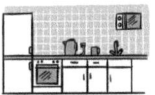

jiko

cuina

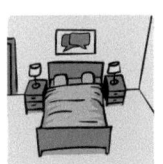

qolka jiifka

cambra de dormir

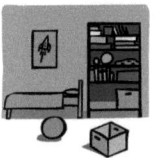

qolka ilmaha

cambra de nen

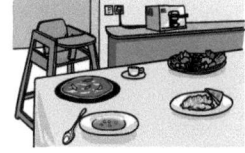

qolka cuntada

menjador

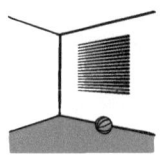

sagxad

sòl

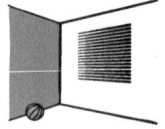

derbi

paret

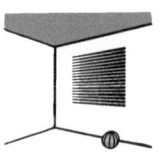

saqaf

sostre

makhaasiin

soterrani

soona

sauna

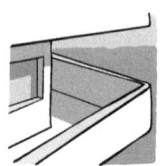

balakoon

balcó

daarad

terrassa

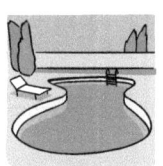

barkad

piscina

caws-jare

tallagespa

buste

vànova

go'

cobrellit

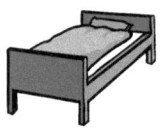

sariir

llit

xaaqin

escombra

baaldi

galleda

daare-damiye

interruptor

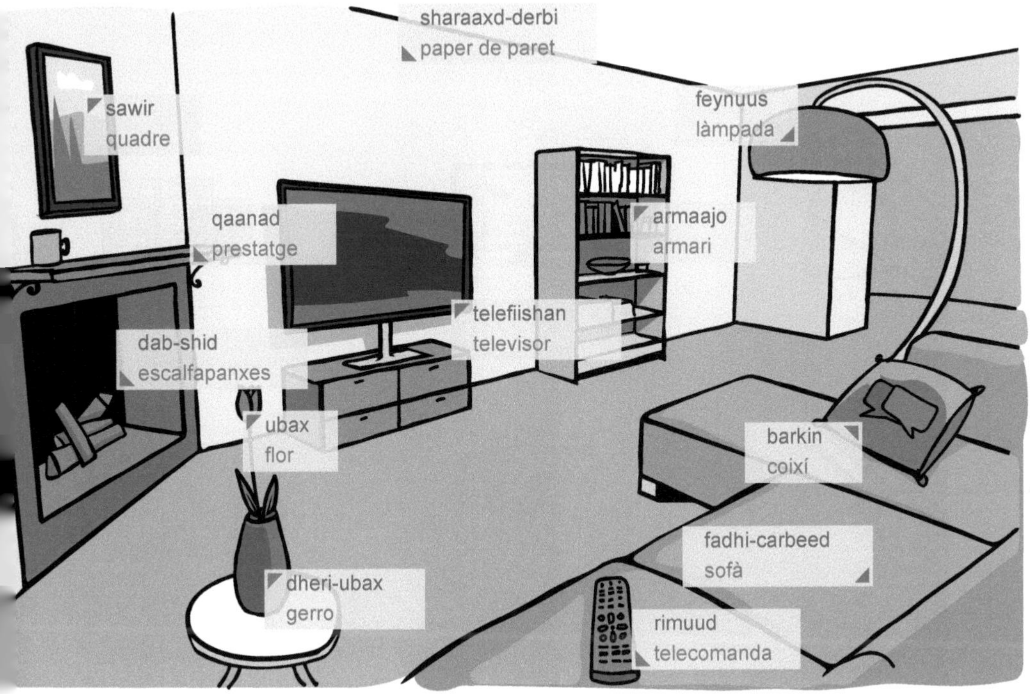

sharaaxd-derbi
paper de paret

sawir
quadre

feynuus
làmpada

qaanad
prestatge

armaajo
armari

dab-shid
escalfapanxes

telefiishan
televisor

ubax
flor

barkin
coixí

dheri-ubax
gerro

fadhi-carbeed
sofà

rimuud
telecomanda

roog

catifa

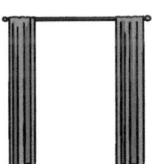

daah

cortina

miis

taula

kursi

cadira

kursi wareega

cadira gronxadora

kursi fadhi

cadiral

buug

llibre

buste

llençol

qurxin

decoració

xaabo

llenya

filin

film

cod-baahiye

cadena de música

fure

clau

wargeys

diari

rinjiyeyn

pintura

tabeelo

cartell

raadiye

ràdio

xusuus-qor

bloc de notes

huufar

aspiradora

tiitiin

cactus

shumac

candela

jiko
cuina

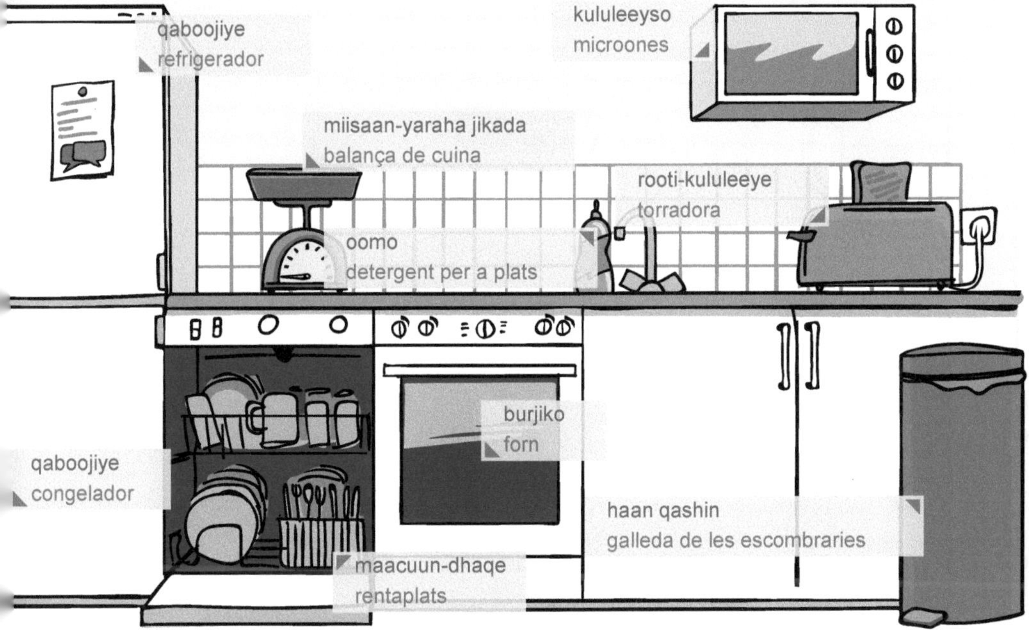

qaboojiye
refrigerador
kululeeyso
microones
miisaan-yaraha jikada
balança de cuina
rooti-kululeeye
torradora
oomo
detergent per a plats
burjiko
forn
qaboojiye
congelador
haan qashin
galleda de les escombraries
maacuun-dhaqe
rentaplats

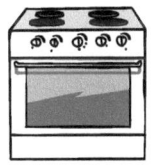

kuuker

cuina de fogons

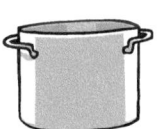

dheri

olla

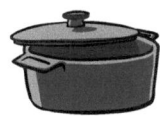

birtaawo

olla de ferro colat

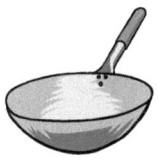

birtaawo

wok / karahi

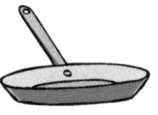

birtaawo

paella

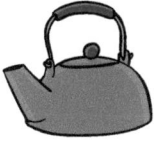

kirli

bullidor

uumiye

olla de vapor

saxaarad dubista

plata de forn

maacuun

vaixella

bakeeri

tassa grossa

baaquli

bol

qoryo wax lagu cuno

bastonets xinesos

malqacad

culler

qaado

espàtula

folow

batedor

miire

colador

shashaq

sedàs

qudaar-jare

ratllador

mooye

morter

hilib-sol

barbacoa

dab

foc a terra

alwaaxa wax-jar-jarka

taula de tallar

ul jabaati

corró

guf-saare

llevataps

gasac

pot de conserva

gasac-fure

obridor

istaraasho-jiko

agafador

saxanka-alaab-dhaqa

aigüera

caday

raspall

isbuunyo

esponja

shiide

batedora

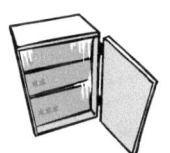

qaabojin qoto-dheer

congelador

masaasad

biberó

tuubbo

aixeta

musqul-qubeys
bany

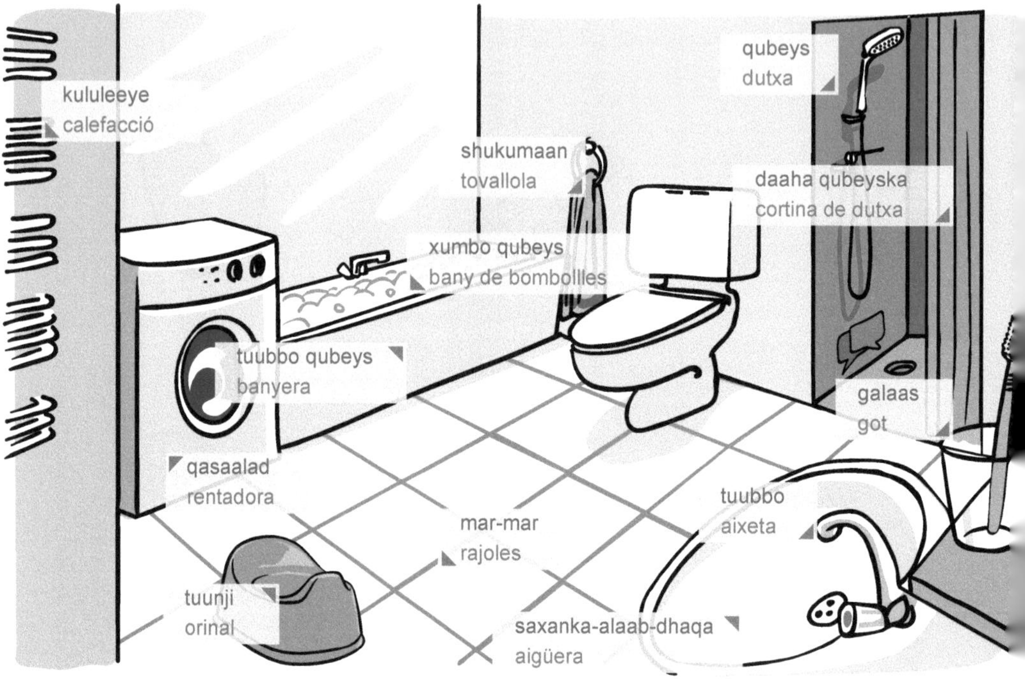

kululeeye
calefacció
qubeys
dutxa
shukumaan
tovallola
daaha qubeyska
cortina de dutxa
xumbo qubeys
bany de bombolles
tuubbo qubeys
banyera
galaas
got
qasaalad
rentadora
tuubbo
aixeta
mar-mar
rajoles
tuunji
orinal
saxanka-alaab-dhaqa
aigüera

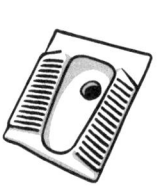

musqul
....
lavabo

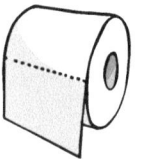

musqusha fadhiga
....
lavabo turc

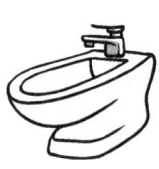

siin
....
bidet

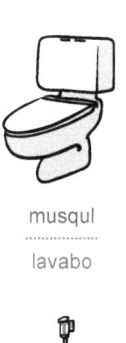

weel kaadi
....
orinador

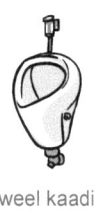

tiish musqul
....
paper higiènic

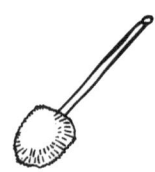

burushka musqusha
....
escombreta de sanitari

caday

raspall de dents

daawo caday

pasta de dents

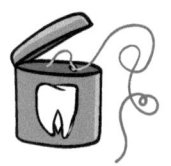

dunta ilka farashada

fil dental

dhaq

rentar

gacan qubeys

pom de dutxa

tuubo-musqul

dutxa íntima

beeshin

rentamans

burush-qubeys

raspall per a l'esquena

saabuun

sabó

shaambo

gel de dutxa

shaambo

xampú

cago-saar

manyopla de bany

biyo-saare

bonera

kareem

crema

carfiso

desodorant

muraayad

mirall

muraayad gacmeed

mirall-espill de mà

sakiin

maquineta de rasar

xumbada xiirashada

espuma de barbejar

daawo gar-xiir

loció post-rasada

shanlo

pinta

burush

raspall

fooneeye

eixugador

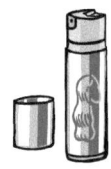

timo-buufis

laca

waji-qurxiye

maquillatge

rooseeto

pintallavis

cidiyo-nadiifiye

esmalt d'ungles

dun

cotó

cidiyo-jar

tallaungles

baarafuun

perfum

boorso-wajidhaq
estoig de bellesa

saxaro
tamboret

miisaan culays
bàscula

dhar-qubeys
barnús

gacma gashi cinjir
guants de goma

tambooni
compresa higiènica

tiimshe
compresa

musqul kiimiko
sanitari químic

qolka ilmaha
cambra de nen

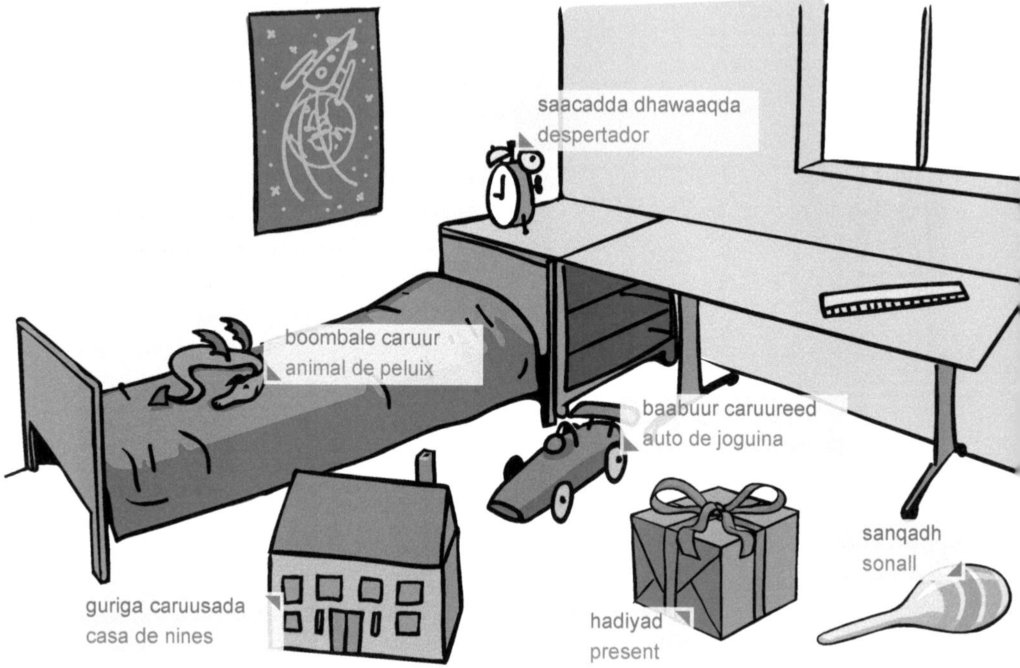

saacadda dhawaaqda
despertador
boombale caruur
animal de peluix
baabuur caruureed
auto de joguina
sanqadh
sonall
guriga caruusada
casa de nines
hadiyad
present

buufin

balό

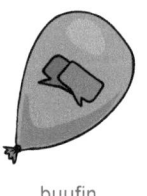

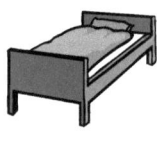

sariir

llit

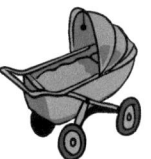

gaariga caruurta

cotxet per a nens

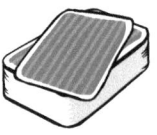

turub

joc de cartes

miinshaar

trencaclosca

SUPER
MEGA

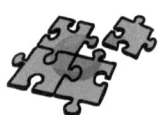

maad

historieta

bulkeeti boombale ah

peces de lego

tooy

peces de construcció

sanam

ninot d'acció

isku-jooga dhallaanka

granota

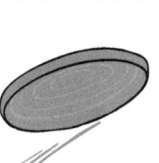

aalad cayaar

frisbee

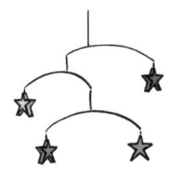

moobaayl

mòbil per a bressol

khamaar

joc de taula

laadhuu

daus

moodo tareen

tren elèctric

boombale

xumet

xaflad

festa

buug sawirro

llibre de dibuixos

kubbad

pilota

boombale

nina

cayaar

jugar

dhoobo-dhoobeey

sorrera

wiifoow

gronxador

alaab-alaabeey

joguines

geemka gacanta laga hago

consola de jocs de vídeo

baaskiil

tricicle

boombale

osset de peluix

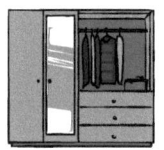

armaajo dhar

armari

dhar

roba

sigisaan

mitjons

sigsaan haween

mitges

surwaal-dhuuqsan

mitja pantaló

masar
tapacoll

dallad
paraigua

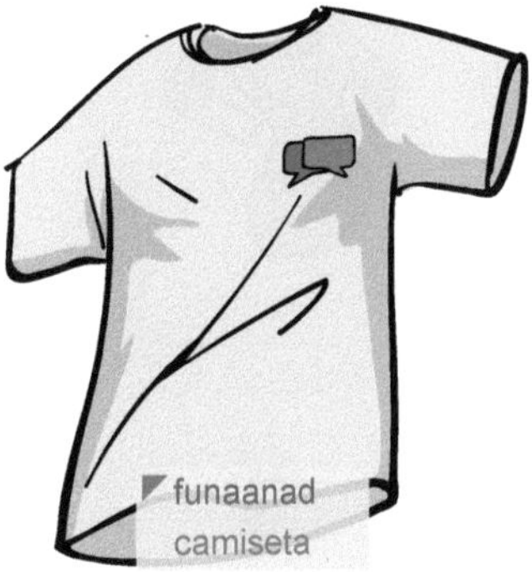

funaanad
camiseta

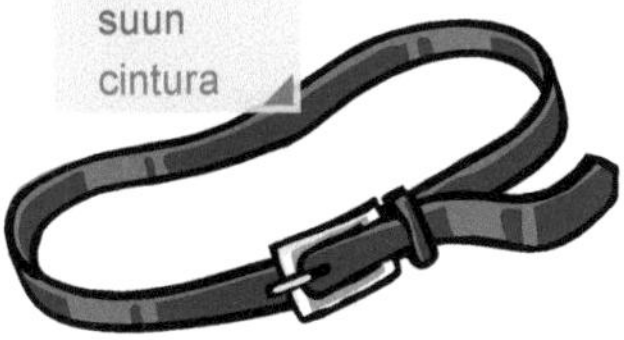

suun
cintura

kabo buud
botes

dacas
plantofes

kabo tababar
sabates d'esport

saandalo

sandàlies

kabo

sabates

kabo roob

botes de goma

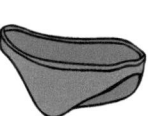

hoos-gashi

calçonets

rajabeeto

sostenidor

garan

guardapits

jir

jjustacòs

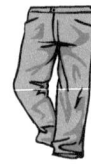

surwaal

pantalons

surwaal jeenis

jeans

goono

faldeta

canbuur

brusa

shaati

camisa

funaanad-dhaxameed

jersei

garan dhaxameed

dessuadora

jaakad fudud

blazer

jaakad

jaqueta

koodh

mantell

koodhka roobka

impermeable

dhar-munaasabadeed

vestit de dona

labbis

vestit de dona

lebbis aroos

vestit de núvia

suut

vestit d'home

dhar-hurdo

camisa de dormir

bajaamo

pijama

saari

sari

masar

mocador de cap

cimaamad

turbant

cabaayad

burca

saako

caftan

cabaayad

abaia

dharka-dabaasha

vestit de bany

dabo-gaabyo

calçon(et)s de bany

surwaal-dabagaab

pantalons curts

taraak-suut

xandall

dufan-dhowr

davantal

gacmo gashi

guants

galluus

botó

ookiyaale

ulleres

jijin

braçalet

silis

collaret

faraati

anell

dhego dhego

orellera

koofiyo

casquet

katabaan

penjador

koofiyad

capell

garabaati

corbata

jiinyeer

cremallera

helmed

casc

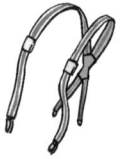

ilko-reeb

elàstics

direes dugsi

uniforme escolar

direes

uniforme

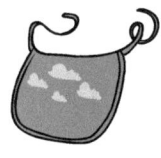

cayo-dhowr

pitet

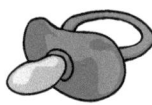

boombale

xumet

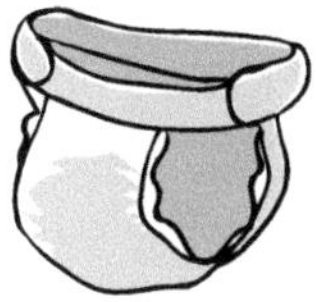

maro-dufeed

bolquer

xafiis

oficina

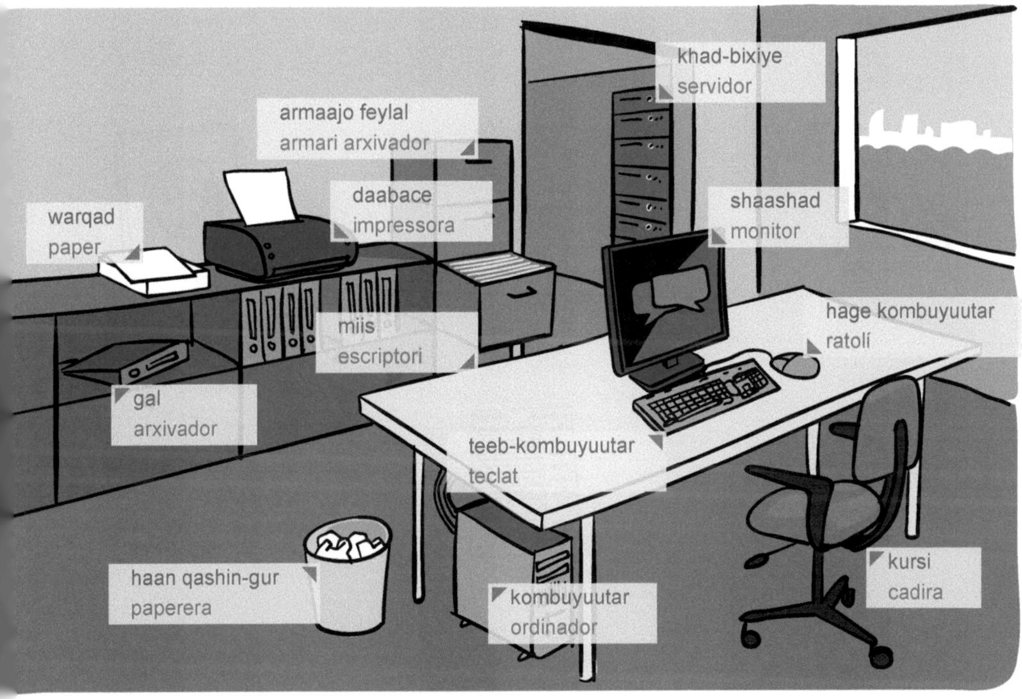
khad-bixiye
servidor
armaajo feylal
armari arxivador
daabace
impressora
warqad
paper
shaashad
monitor
hage kombuyuutar
ratolí
miis
escriptori
gal
arxivador
teeb-kombuyuutar
teclat
haan qashin-gur
paperera
kombuyuutar
ordinador
kursi
cadira

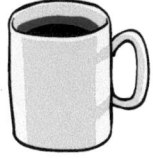

koob kafee

tassa de cafè

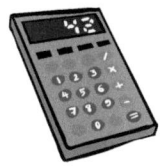

kalkuleytar/xisaabiye

calculadora

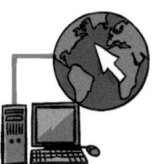

internet

Internet

laabtoob

ordinador portàtil

bakhshad

lletra

fariin

missatge

moobaayl

mòbil

shabakad-kombuyuutar

xarxa

footokoobi

fotocopiadora

barnaamij-kombuyuutar

programari

telefoon

telèfon

god koronto

presa de corrent

mishiinkan fax-ka

fax

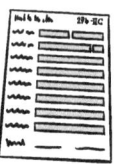

foomka

formulari

dokumenti

document

iibso

comprar

bixi

pagar

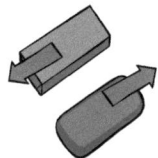

ganacso

comerciar

lacag

diners

 USD

doollar

dòlar

 EUR

yuuro

euro

 JPY

yenka jabbaan

ien

 RUB

robolka ruushka

ruble

 CHF

Franka iswiiska

franc suís

 CNY

lacagta shiinaha

renminbi

 INR

rubiyada hindiga

rupia

maqal

caixa automàtica

xafiiska sarrifaka lacagaha

oficina de canvi

dahab

or

qalin

argent

shidaal

petroli

tamar

energia

qiime

preu

qandaraas

contracte

canshuur

impost

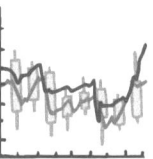

raasumaal

acció

shaqee

treballar

shaqaale

treballador

shaqaaleysiiye

empresari

warshad

fàbrica

dukaan

botiga

sarkaal booliis
oficial de policia

dab-demiye
bomber

cunto-kariye
cuiner

dhakhtar
doctora

duuliye
pilot

beeralley
jardiner

nijaar
fuster

timo-qurxiso
costurera

qaaddi
jutge

farmashiiste
química

jile
actor

darawal bas

conductor d'autobús

taksiile

taxista

kalluumeyste

pescador

nadiifiso

dona de la neteja

saqaf-dhise

ensostrador

kabalyeeri

cambrer

ugaarsade

caçador

rinjiile

pintor

rooti-dube

forner

koronto-yaqaan

electricista

dhise

obrer de la construcció

injineer

enginyer

kawaanle

carnisser

tuubbiiste

llanterner

boostaale

correu

askari
soldat

injineer-dhismo
arquitecte

qasnaji
caixera

ubax-yaqaan
florista

timo-jare
perruquer

kiro-uruuriye
revisor

makaanik
mecànic

kabtan
capità

dhakhtar-ilko
dentista

saaynisyahan
científic

wadaad yahuud
rabí

imaam
imam

xerow
monjo

wadaad
capellà

qalab
eines

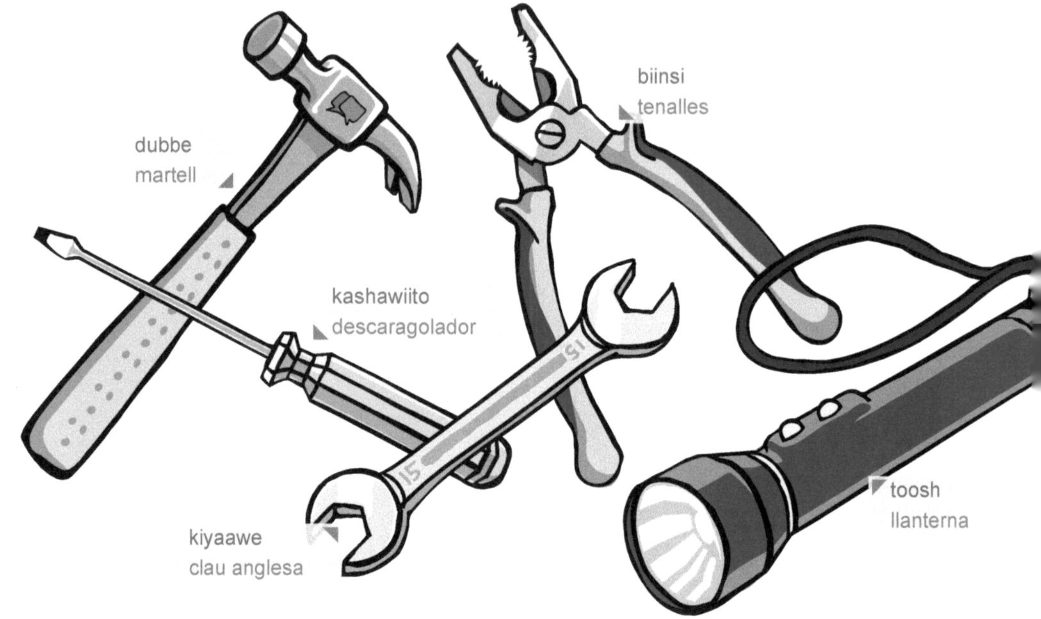
biinsi
tenalles
dubbe
martell
kashawiito
descaragolador
kiyaawe
clau anglesa
toosh
llanterna

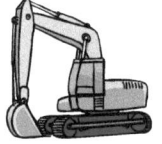

dhul-qoddo

excavadora

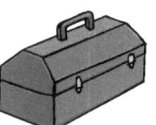

qalab-xajiye

caixa d'eines

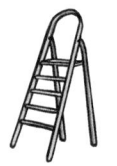

jaraanjaro

escala

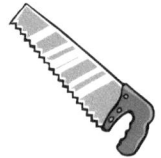

miinshaar

serra

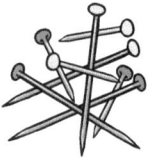

musbaarro

claus

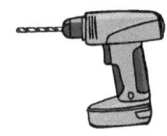

dalooliye

trepant

dayactir
reparar

badiil
pala

inkaar kugu dhacday!
Maleït siga!

bus-xaabiye
pala

gasacad rinji
pot de pintura

boolal
caragols

qalab muusiko
instrument de música

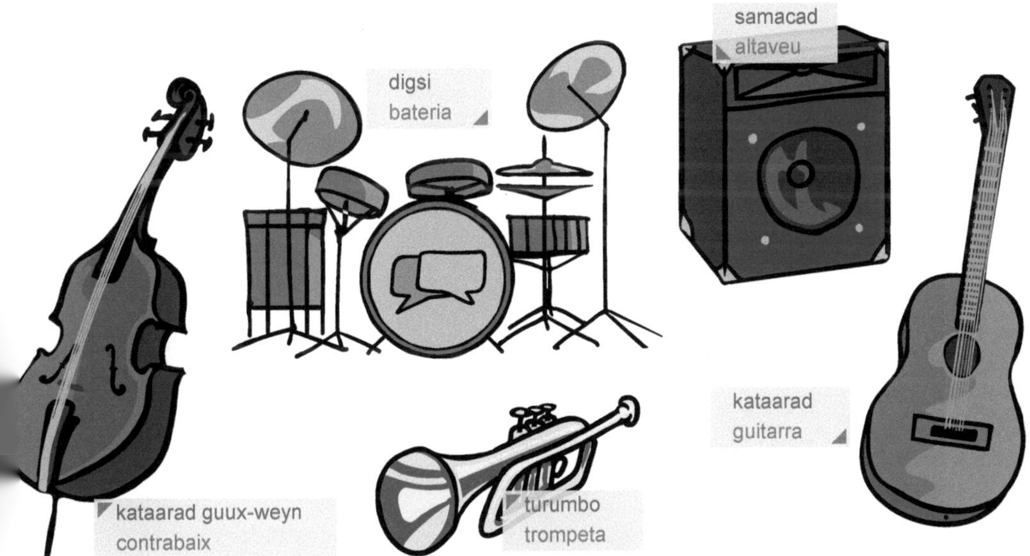

digsi
bateria

samacad
altaveu

kataarad
guitarra

kataarad guux-weyn
contrabaix

turumbo
trompeta

biyaano

piano

fiyooliin

violí

karaarad guux-dheer

baix

durbaan-sheegagle

timbal

durbaan

tambor

loox-xarfeed-biyaano

teclat

turumbo

saxofon

siin-baar

flauta

makarafoon

micròfon

beer-xayawaan

zoo

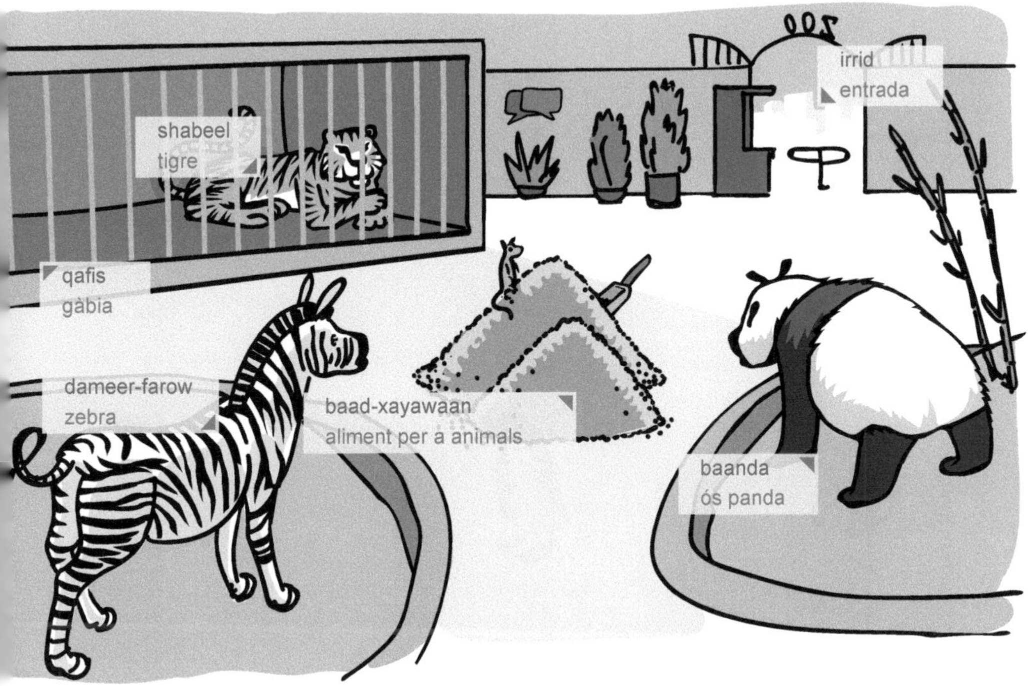

zoo
irrid
entrada
shabeel
tigre
qafis
gàbia
dameer-farow
zebra
baad-xayawaan
aliment per a animals
baanda
ós panda

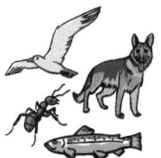

xayawaan
animals

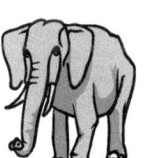

maroodi
elefant

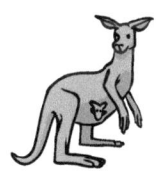

kaangaruu
cangurú

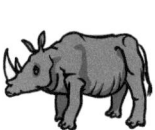

wiyil
rinoceront

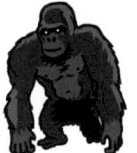

goriille
goril·la

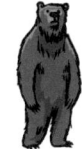

oorso
ós

geel

camell

gorayo

estruç

libaax

lleó

daanyeer

simi

xiita-luga-dheer

flamenc

baqbaqaa

papagai

oorso baraf-ku-nool

ós polar

shimbir baraf

pingüí

libaax-badeed

ca mari

daa'uus

paó

mas

serp

yaxaas

cocodril

beer-xayawaan ilaaliye

guardià del zoo

bahal kalluun-cun

foca

shabeel-u-eke

jaguar

dhal faras

poni

harmacad

lleopard

jeer

hipopòtam

geri

girafa

gorgor

àliga

doofaar-jilibeey

senglar

kalluun

peix

qubo

tortuga

maroodi-badeed

morsa

dawaco

guineu

deero

gasela

kubadda-cagta maraykanka
futbol americà

tartanka bashkuleetiga
ciclisme

kubbadda miiska
tenis

kubbadda koleyga
bàsquet

dabaal
natació

cayaarta feerka
boxa

hookiga barafka lagu dh
hoquei sobre gel

kubadda cagta
....
futbol americà

baadminton
....
bàdminton

ciyaaraha fudud
....
atletisme

kubadda gacanta
....
handbol

iskii/ciyaarta barafka
....
esquí

cayaar-faras
....
polo

boodid
saltar

hab-siin
abraçar

qosol
riure

soco
anar

hees
cantar

duceyso
pregar

dhunkasho
fer un petó

riyo
somiar

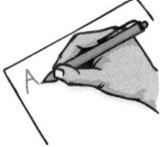

qorraxeed

escriure

masawirid

dibuixar

muuji

mostrar

riix

pitjar

sii

donar

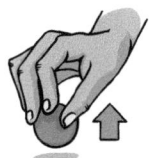

qaado

prendre

haysasho

tenir

samee

fer

ahaansho

ésser

istaag

estar dret

orod

córrer

jiid

estirar

tuur

llançar

dhicid

caure

been-sheegid

jeure

sug

esperar

qaad

portar

fariiso

asseure's

labiso

vestir-se

seexo

dormir

toos

despertar-se

fiiri

mirar

ooy

plorar

dhuftay

amoixar

shanleyso

pentinar

hadal

parlar

faham

comprendre

weydii

demanar

dhageysasho

escoltar

cab

beure

cun

menjar

habee

endreçar

jacayl

estimar

kari

cuinar

kaxee

conduir

duulid

volar

shiraaco

navegar

xisaabi

calcular

akhri

llegir

barasho

aprendre

shaqee

treballar

guurso

casar-se

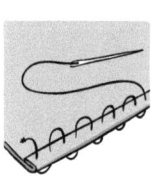

tol

cosir

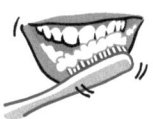

cadayso

raspallar-se les dents

dilid

matar

sigaar cab

fumar

dir

enviar

qoys
família

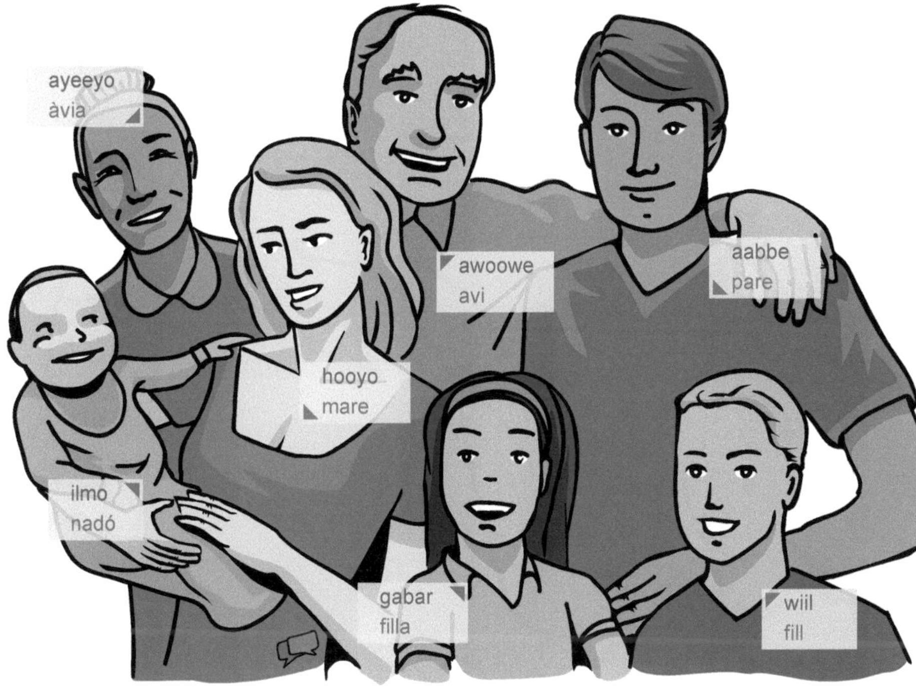
ayeeyo
àvia
awoowe
avi
aabbe
pare
hooyo
mare
ilmo
nadó
gabar
filla
wiil
fill

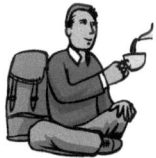

marti
convidat

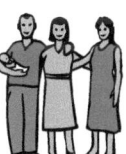

eeddo
tia

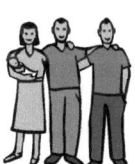

adeer
oncle

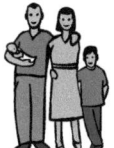

walaal rag
germà

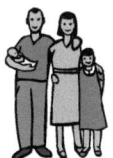

walaal dumar
germana

jir

cos

fool
front
il
ull
garab
espatlla
far
dit
weji
cara
gar
barbeta
gacan
mà
naas
pit
lug
cama
cudud
braç

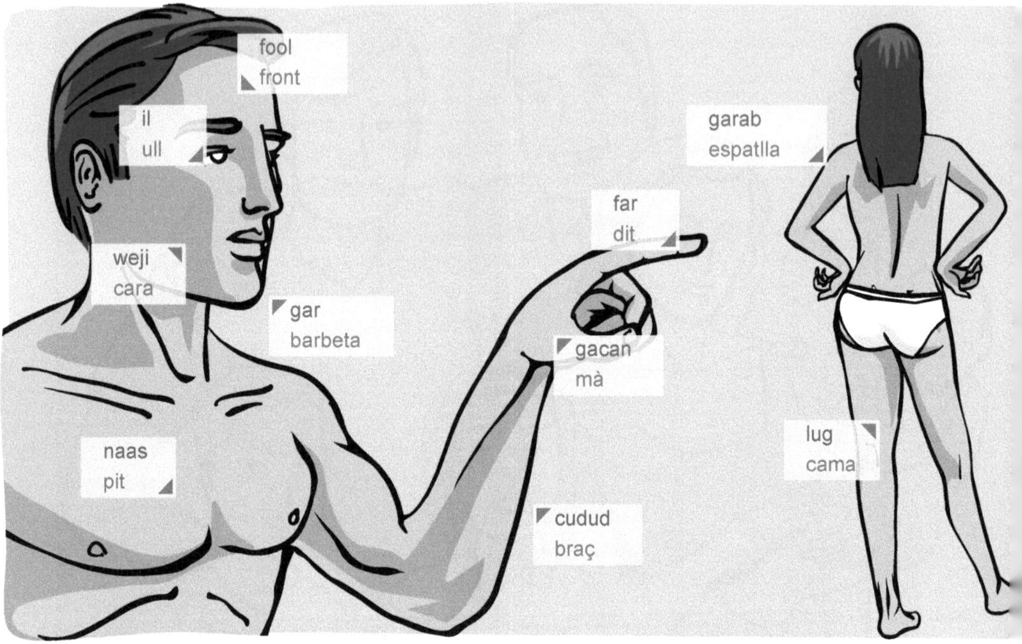

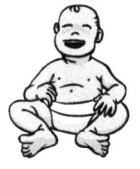

ilmo

nadó

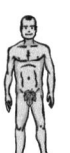

nin

home

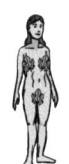

naag

dona

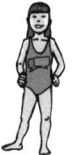

gabar

noia

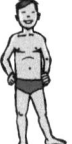

wiil

noi

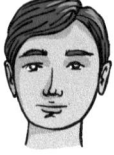

madax

cap

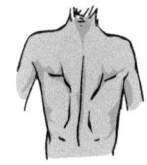

dhabar

esquena

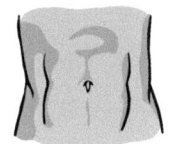

calool

panxa

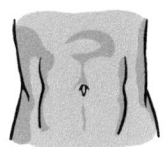

xuddun

melic

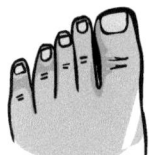

suul

dit gros del peu

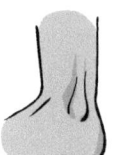

cirib

taló

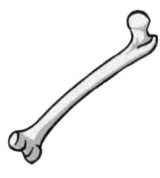

laf

os

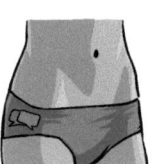

sin

maluc

jilib

genoll

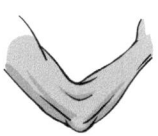

xusul

colze

san

nas

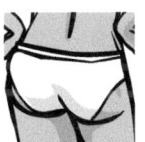

bari

cul

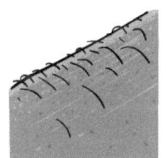

maqaar

pell

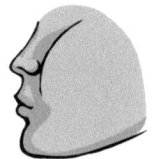

dhafoor

galta

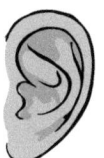

dheg

orella

bishin

llavi

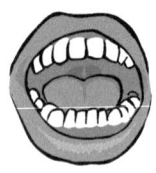

af

boca

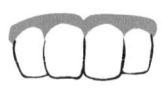

ilig

dent

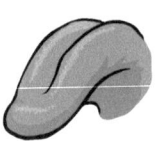

carrab

llengua

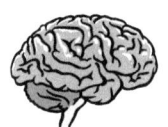

maskax

cervell

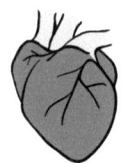

wadno

cor

muruq

múscul

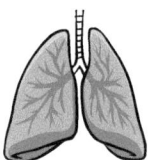

sambab

pulmó

beer

fetge

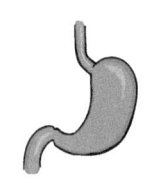

uur kujirta caloosha

estómac

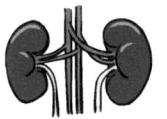

kelyo

ronyó

galmo

relació sexual

cinjir-galmo

preservatiu

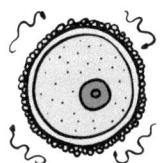

ugxan

ovari

shahwo

semen

uur

prenyat

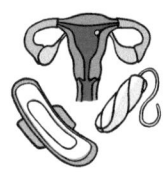

caado

menstruació

siil

vagina

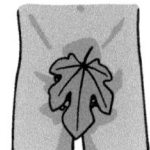

gus

penis

suni

cella

timo

cabells

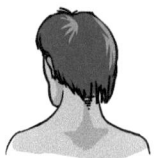

qoor

coll

isbitaal
hospital

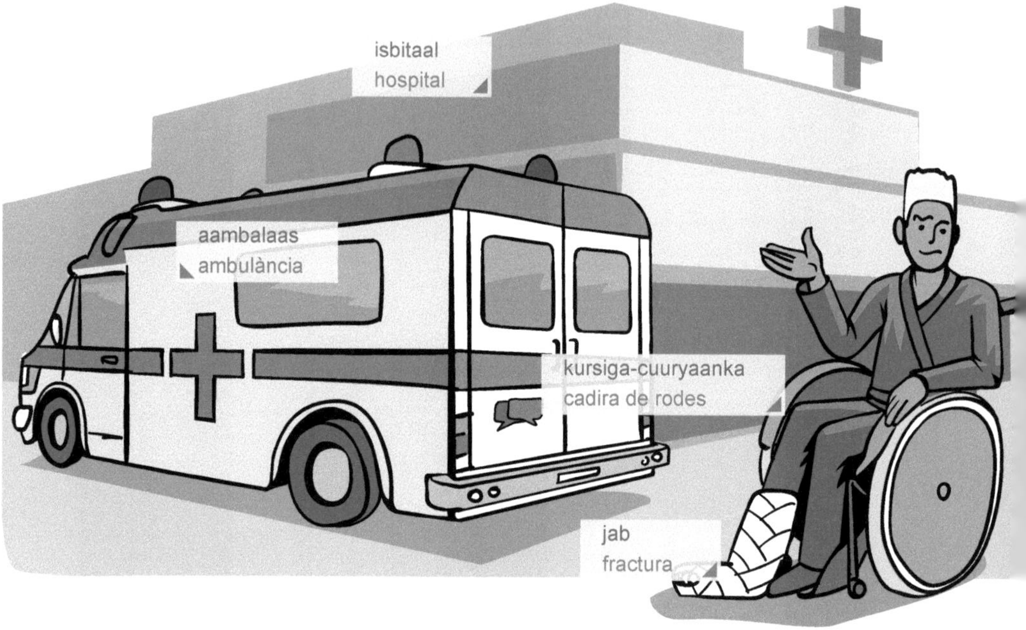

isbitaal
hospital
aambalaas
ambulància
kursiga-cuuryaanka
cadira de rodes
jab
fractura

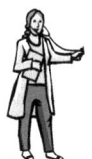

dhakhtar

doctora

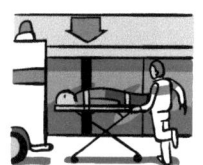

qolka xaaladaha-degdega ah

sala d'urgències

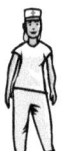

kalkaaliye

infermera

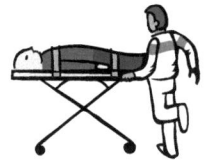

xaalad deg-deg ah

urgència

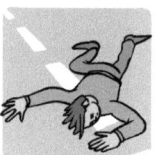

miyir-beelsan

inconscient

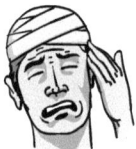

xanuun

dolor

dhaawac

ferida

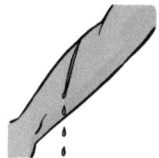

dhiig-bax

sagnament

wadno-xanuun

atac de cor

qallal

apoplexia

xasaasiyad

al·lèrgia

qufac

tos

qandho

febre

hargab

gripa

shuban

diarrea

madax-xanuun

mal de cap

kansar

càncer

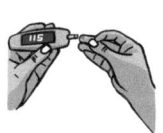

cudurka sokoroow

diabetis

dhakhtarka-qalliinka

cirurgià

mindida qalliinka

escalpel

qalliin

operació

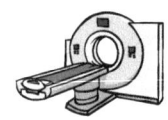

iskaan

tomografia computada (TC), TAC

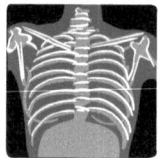

raajo

raigs x

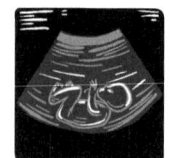

dhawaaq-xawaareed

ultrasò

maaskaro

mascareta

cudur sokoroow

malaltia

qolka sugitaanka

sala d'espera

ul lagu boodo

crossa

kab

tireta

faashato

embenat

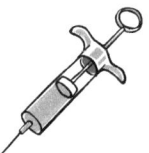

duris

injecció

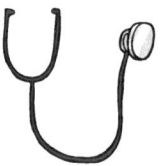

wadne-dhegeyeste

estetoscopi

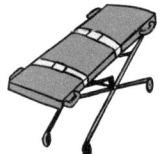

balankiino

llitera

heer-kul-beega qandhada

termòmetre clínic

dhalasho

pariment

aad-u-cayilan

sobrepès

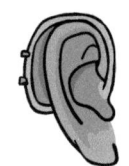

maqal-caawiye

aparell auditiu

jeermis-dile

desinfectant

caabuq

infecció

feyras

virus

AYDHIS/HIV

VIH / SIDA

daawo

medicina

tallaal

vaccí

kaniiniyo

comprimits

kaniin

píl·lola

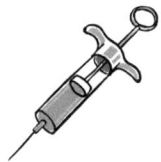

wicitaan deg-deg ah

trucada d'urgència

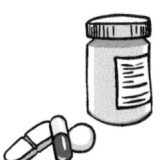

cabbiraha dhiig-karka

tensiòmetre

xanuunsan / caafimaadsan

malalt / sà

i caawiya!

Socors!

sawaxan

alarma

weerar-kadisa ah

assalt

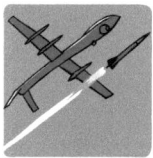

weerar

atac

khatar

perill

irridda bixida xaalad-deg-deg

sortida-eixida d'urgència

dab!

Foc!

dab demiye

extintor

shil

accident

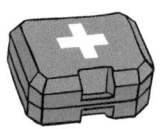

saduuqa xaalada-degdega ah

farmaciola de primers auxilis

codsi badbaado

SOS

booliis

policia

Yurub

Europa

woqooyiga ameerika

Amèrica del Nord

koonfurta ameerika

Amèrica del Sud

Afrika

Àfrica

Aasiya

Àsia

Oostareeliya

Austràlia

Atlaantik

Atlàntic

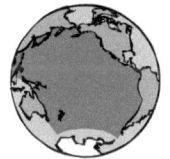

Pacific

Pacífic

Bad-waynta hindiya

Oceà Índic

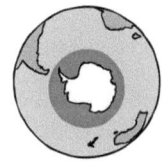

Bad-waynta antarctica

Oceà Antàrtic

Bad-waynta arctic

Oceà Àrtic

cirifka waqooyi

pol nord

cirifka koonfureed

pol sud

Antarctica

Antàrtida

dhul

terra

dhul

país

bad

mar

jasiirad

illa

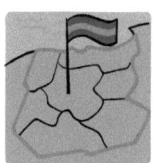

waddan

nació

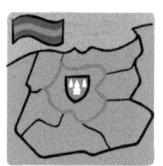

gobol

estat

wajiga saacadda

quadrant

gacanka saacada

agulla de les hores

gacanka daqiiqada

agulla dels minuts

gacanka ilbiriqsiga

agulla dels segons

waa intee saac?

Quina hora és?

maalin

dia

wakhti

temps

hadda

ara

saacadda jiifarrada

rellotge digital

daqiiqad

minut

saacad

hora

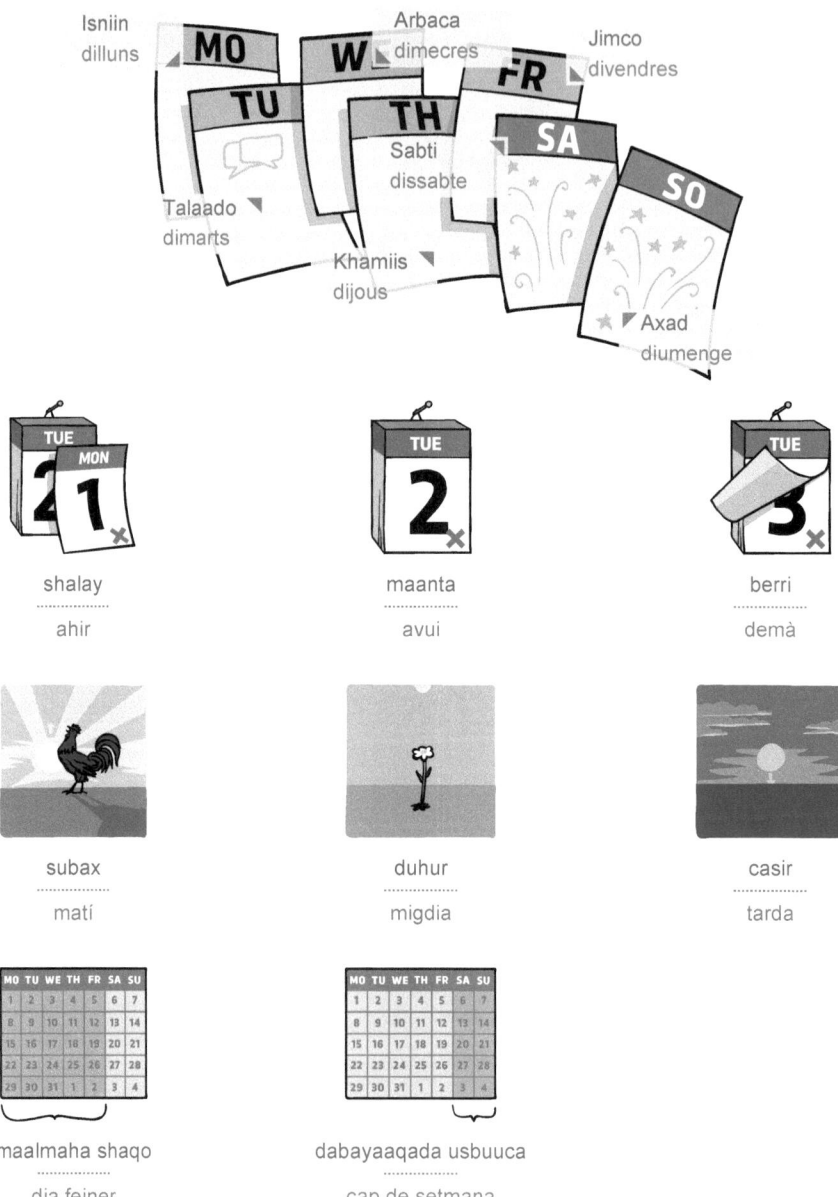

Isniin
dilluns
MO
TU

Arbaca
dimecres
W

Jimco
divendres
FR

TH
Sabti
dissabte
SA

SO

Talaado
dimarts

Khamiis
dijous

Axad
diumenge

shalay
ahir

maanta
avui

berri
demà

subax
matí

duhur
migdia

casir
tarda

maalmaha shaqo
dia feiner

dabayaaqada usbuuca
cap de setmana

sanad

any

roob
pluja
qaanso-roobaad
arc de Sant Martí
roob-baraf
neu
dabayl
vent
gu'
primavera
deyr
tardor
xagaa
estiu
jiilaal
hivern

4.APRIL 11°
5.APRIL 4°
6.APRIL 13°
7.APRIL 8°
8.APRIL 10°

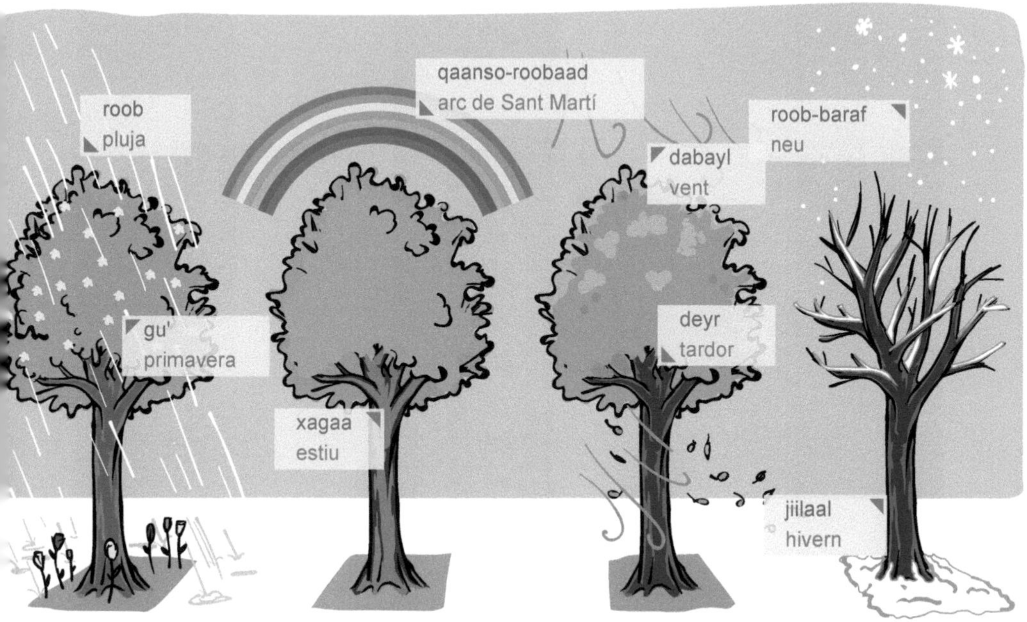

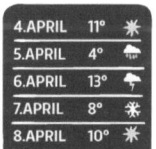

saadaal hawo
....
pronòstic del temps

F C
120 40
90 30
60 20
30 10
0 0
-30 -10
-20

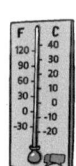

heer-kul baare
....
termòmetre

qorraxeed
....
llum del sol

daruur
....
núvol

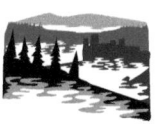

ceeryaamo
....
boira

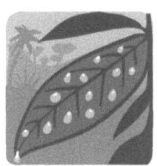

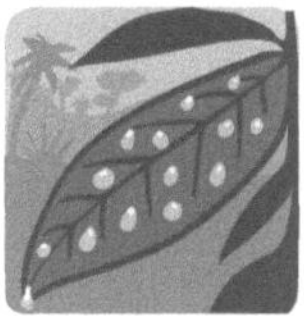

huur
....
humiditat de l'aire

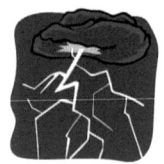

jac
....
llamp

onkod
....
tro

duufaan
....
tempesta

roob-baraf
....
calamarsa

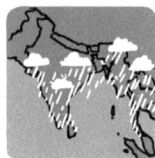

maansuun
....
monsó

daad
....
inundació

baraf
....
gel

Jannaayo
....
gener

Febraayo
....
febrer

Maarso
....
març

Abriil
....
abril

Mey
....
maig

Juun
....
juny

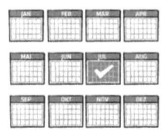

Luulyo
....
juliol

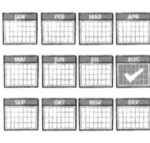

Agoosto
....
agost

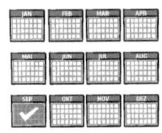

Sebteember
....
setembre

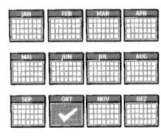

Oktoobar
....
octubre

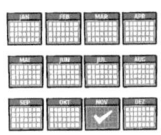

Nofeember
....
novembre

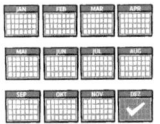

Diseember
....
desembre

goobaabo
....
cercle

afar-gees
....
quadrat

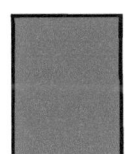

leydi
....
rectangle

saddex-xagal
....
triangle

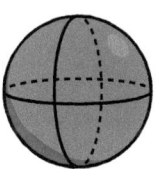

wareeg
....
esfera

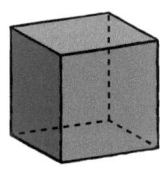

bokis
....
cub

caddaan

blanc

hurdi

groc

oranji

taronja

guduud-khafiif

rosa

casaan

vermell

carwaajis

lila

bluug

blau

cagaar

verd

boroon

marró

cawl

gris

madow

negre

badan / yar

molt / poc

caro / daganaan

emprenyat / tranquil

qurxoon / foolxun

bonic / lleig

billow / dhammaad

començament / fi

yar / weyn

gran / petit

iftiin / mugdi

clar / fosc

walaalkaa / walaashaa

germà / germana

nadiif / wasakhaysan

net / brut

buuxa / dhantaalan

complet / incomplet

maalin / habeen

dia / nit

dhintay / nool

mort / viu

ballaaran / ciriiri ah

ample / estret

la cuni karo / aan la cuni karin

comestible / immenjable

arxan-daran / naxariis-badan

dolent / amable

faraxsan / caajisan

entusiasmat / entediat

buuran / caateysan

gros / prim

ugu horeeya / ugu dambeeya

primer / darrer

saaxiib / cadaw

amic / enemic

maran / buuxa.

ple / buit

adag / jilicsan

dur / tou

culus / fudud

pesant / lleuger

gaajo / oon

gana / set

xanuunsan / caafimaadsan

malalt / sà

sharci-darro / sharci

il·legal / legal

caaqil / dabbaal

intel·ligent / ximple

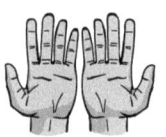

bidix / midig

esquerra / dreta

dhow / fog

prop / llunyà

cusub / duug

nou / usat

waxba / wax

res / quelcom

da' / dhalinyar

vell / jove

daaris / damin

encès / apagat

furan / xiran

obert / tancat

aamusnaan / cod-dheer

silenciós / sorollós

taajir / sabool

ric / pobre

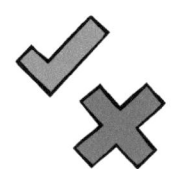

sax / khalad

correcte / incorrecte

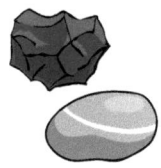

jilif leh / sabiibax

aspre / suau

murugsan / faraxsan

trist / content

gaaban / dheer

curt / llarg

tartiib / dhaqsi

lent / ràpid

qoyaan / qalleyl

humit / sec - eixut

qandac / qabow

calent / fred

dagaal / nabad

guerra / pau

nombres

0	**1**	**2**
eber	kow	laba
zero	u	dos

3	**4**	**5**
saddex	afar	shan
tres	quatre	cinc

6	**7**	**8**
lix	toddoba	sideed
sis	set	vuit

9	**10**	**11**
sagaal	toban	kow iyo toban
nou	deu	onze

12

laba iyo toban

dotze

13

sadex iyo toban

tretze

14

afar iyo toban

catorze

15

shan iyo toban

quinze

16

lix iyo toban

setze

17

todoba iyo toban

disset

18

sideed iyo toban

divuit

19

sagaal iyo toban

dinou

20

labaatan

vint

100

boqol

cent

1.000

kun

mil

1.000.000

malyuun

milió

Af ingiriis

anglès

Ingiriiska Mareykanka

anglès americà

Mandariinka Shiinaha

xinès mandarí

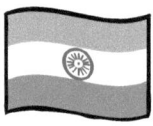

Hindi

hindi

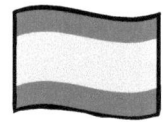

Boortaqiis

espanyol

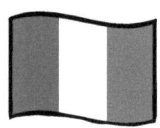

Faransiis

francès

Carabi

àrab

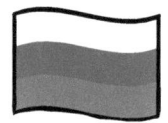

Ruush

rus

Boortaqiis

portuguès

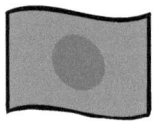

Bengaali

bengalí

Jarmal

alemany

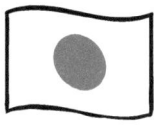

Jabaaniis

japonès

aniga

jo

adiga

tu

asaga / ayada

ell / ella / allò

annaga

nosaltres

idinka

vosaltres

ayaga

ells

kee?

qui?

maxay?

què?

sidee?

com?

xagee?

on?

goorma?

quan?

HELLO, I AM

magac

nom

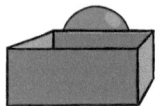

gadaal

darrere

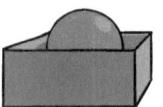

gudaha

en

horta

davant de

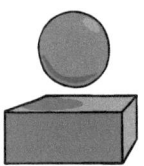

ka sare

damunt

dusha

sobre

ka hooseeya

sota

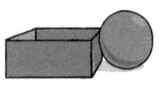

dhinac

al costat

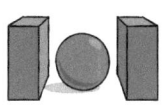

u dhexeeya

entre

meel

lloc